中村天風

折れない心！

JN150929

扶桑社文庫
0700

本書は、二〇〇六年四月、小社より刊行された『折れない心!』を加筆修正し、文庫化したものです。

なお、本文は中村天風の著作物および講演録より言葉を抜粋引用したものです。引用にあたっては、意味を損なわない範囲で、文章の再編集、語句の言い換えをしている箇所があります。

まえがき

運動選手と読書という組み合わせに意外性を感じるのか、トップアスリートの愛読書としてマスコミが取り上げた本が一躍世間の注目を浴びることがある。

ラグビーワールドカップで、日本が強豪南アフリカを下すというスポーツ史上最大の番狂わせを演じた際の立役者、五郎丸歩が挙げた『自分の小さな「箱」から脱出する方法』もその一冊であるが、二〇一八年、投打「二刀流」を引っさげMLBに移籍し、その年のア・リーグ最優秀新人選手賞に選出された大谷翔平が、アメリカに渡る前に熟読していたことで話題になったのが中村天風《なかむらてんぷう》の『運命を拓《ひら》く』である。

文字どおり、大谷は自らの手で己の運命を切り拓いていったわけだが、中村天風の信奉者あるいはその著作を座右の書としている著名人は大谷だけではない。

最近ではエイチ・アイ・エス会長兼社長の澤田秀雄、京セラ創業者の稲盛和夫、日本電産会長の永守重信、古くは海軍大将の東郷平八郎から第十九代内閣総理大臣の原敬、連合艦隊司令長官山本五十六、パナソニック創業者の松下幸之助といった錚々《そうそう》たる人物が中村天風の思想・哲学に大きな影響を受けたと言われている。

「中村天風」が一過性のいわゆるブームではなく、百年以上の長きにわたって多くの人たちに支持され読みつがれてきたのはなぜか。

それは中村天風が人生における言葉の大切さを説いたからである。

「言葉の大切さ」という言葉自体、すでに使い古され手垢《てあか》にまみれてしまった感があるのは否めない。しかしそうなってしまったのは「言葉の大切さ」を語るために使われてきた言葉自体が大切にされていなかったためではないか――。己が発する言葉に徹底してこだわり、その一言一句に細心の注意を払った中村天風を今あらためて読み返すとそんな気がしてならない。

中村天風、本名中村三郎は一八七六（明治九）年、現在の東京都北区王子にあたる豊島郡王子村で生まれた。幼年期から手に負えない悪童で、小学校卒業と同時に預けられた父の郷里である福岡県の親戚宅から修猷館《しゅうゆうかん》中学（現・修猷館高校）に通ったが十五歳のときに同校を退学、父祐興《すけおき》の先輩であった玄洋社《げんようしゃ》の頭山満《とうやまみつる》の許《もと》に送られた。

二十六歳のときに帝国陸軍の軍事探偵（諜報員）となって満州へ赴任。選抜された一一三名の軍事探偵のうち生き残った者はわずか九名という過酷な任務を経て、日露戦争終結後は朝鮮総督府の高等通訳官の任務についていたが、着任後三か月目で喀血《かっけつ》し肺結核が発覚。さまざまな治療を試みるも病状は改善せず、心がすっかり折れてしまい失意のどん底に陥《おちい》った。

そんな自分の心を強くする教えを求めて欧米を歴訪し、医学をはじめ哲学、心理学を学ぶも、ついに求めていた答えに到達することなく帰国の日を迎えた。失意のうちに帰路についた天風であったが、天風が乗る船の経由地であったエジプトのカイロでインドのヨガ哲学の聖人と出会い、そのまま弟子入り。ヒマラヤのカンチェンジュンガ山麓の村で行った二年数か月にわたる修行により、悟《さと》りを得ると同時に結核も治癒していたという。ここでの経験が天風哲学の骨格を形成したのである。

言葉と同時に、天風は漢字での表現においても独特のこだわりをもっている。「生きる」と書かずに「活《い》きる」という漢字を用いた。現代人に生命力が減退していることを憂《うれ》えていた天風は、体力・胆力・精力・能力・判断力・断行力という人間を支える六つの力を使って活きることが基本だと考えていたからである。われわれがなにげなく使う「親切」という言葉も「深切」と書いた。親を切ってはならないという考えがあるからである。「積極」は「せっきょく」ではなく「せきぎょく」と読ませた。

一般に積極というと、何かに対して恐れることなく強気で立ち向かっていくというイメージがある。しかし、その積極性が通じなかった場合、敗北や挫折《ざせつ》を味わうこととなり、ともすればその対義語である消極の側に陥ってしまうことになる。

中村天風は、積極《せきぎょく》とは心の態度を常に「晴れてよし 曇りてもよし 富士の山」の状態にすることだと言った。つまりなにがあっても動揺せず、つねに平常心でいるということである。負けたくないとか、引き下がれないとか、張り合ってやろうといった欲や雑念がなく、どんな大事な局面に臨んでもあわてず恐れず、虚心平気かつ平然自若として淡々《たんたん》と対応すること。

そう言われると確かに字面は同じ「積極」でも「せっきょく」と読むか「せきぎょく」と読むかで受け止め方が大きく変わってくることに気づかされる。言葉のマジックなどと言うと語弊があるが、まさに中村天風が中村天風たる所以《ゆえん》なのではないだろうか。

本書で取り上げた天風の言葉ひとつひとつが読者それぞれの「折れない心」を支えるための見えない柱となることを確信している。

編集部

折れない心!

中村天風

1

「実行」しよう

大切なのは実行です。
どんなわかりにくい道でも、教わったとおり歩き出せば
たとえ迷いながらでも行くところへは行けます。

やらなければだめなのだ。なんだってやればできる。自分は不器用だとか、物覚えが悪いだとか、そういうことを考えてはいけない。

たとえ十回やって覚えなかったら百回やる。百回やってもだめなら千回やる。そうすれば覚えられるはずだ。

どんなことでも、できないことほど、できると尊いことなんだから一生懸命やることだ。そうすると、だんだんと自分の生活自体が、自分の理想や希望に近い状態になってくれるのである。

為《な》せば成《な》り、為さねば成らぬものなるを
成らぬはおのが為さぬためなり

この訓《おしえ》の歌を心に銘記すべし。

2

まずは笑ってみよう

さあ今日から、努めて笑うことにしましょうや。
特に悲しいことや辛いことがあったら、
いつにもまして笑ってごらん。
悲しいこと、辛いことのほうから逃げていくから……。

笑顔を失うと命の資本ともいうべき健康もみるみる破壊されるうえに、運命も同様にとかく阻《はば》まれがちになる。

「和《なご》やかな笑顔の漂うところに、運命の女神はその慈愛の手を差し伸べる」という西洋のことわざがある。

いったいなんのために人間だけが笑えるようにできているのかということを、厳粛に考えるべきである。

心のもちよう

3

人がなんと言おうと
「俺は幸福だ！」

憂《うれ》うことがあったら、

「ああ、楽しい！」

悲しいことがあったら、

「ああ、嬉しい！」

こうして心を振り替えてみなさい。

悲しくて楽しいとか、辛くて嬉しいというように、人間は同時に二つの相反する感情をもつことはできない。つまり、そのことを利用して消極的な感情を積極的な言葉で追い出してしまえばいいのだ。

どんなときでも心の積極性を失うな 4

たとえ、その先に
暗い結果が待っていることがわかっていても
心は絶対に明るく保持することに努力しよう。

人生とは観念の世界である。
気分の娑婆《しゃば》である。
だから、他人はどうあろうとも、自己だけは、どんな窮地《きゅうち》に立ったとき
でも、その心の積極性を失わないように、言語などは特に、雄々《おお》しく勇ま
しくあれということである。

その言葉を使う前に

5

考えてみるがよい。
やれ困ったの、やれ情けないの、やれやり切れないの
やれ悲しいの、やれ怖《おそ》ろしいのというとき
自分自身颯爽《さっそう》たる勇ましさを感じるかどうか。

一般的に、不平不満を感ずる人は、自分より幸福な者を標準とする傾向が多分にある。たとえば運命に対しても、世の中には自分よりもっと幸運な人がいるのに、自分は少しも恵まれないとか。また不健康の際でも、世の中には随分と丈夫な人も多いのに、自分はなんという憐《あわ》れな弱さであろうという風に……。

そしてその挙句《あげく》に他人を怨嗟《えんさ》し、親兄弟まで悪く思い、遂にはこの世に神も仏もあるものかなんて無鉄砲なことを言う人さえある。

その言葉のために、自分の生きる世界がよくも悪くもなるという、目に見えない宇宙真理の厳存《げんそん》することを考えたなら、本当に、自分の言葉には、どんなことがあっても消極的なものを使えないはずである。

言葉を大事にせよ

6

言語には、すこぶる強烈な暗示力が固有されている。
だから積極的人生の建設を志す者は
消極的の言語をたとえ戯《たわむ》れにも口にしてはならないのである。

「なにげなく出てくる言葉」などというものはない。なぜなら、どんな人の言葉であってもその言葉になる前には、観念がある。つまり観念が言葉を創るのである。

実際に人間が日々便利に使っている言葉ほど、実在意識の態度を決定するのに強い感化力、暗示力をもつものはない。そのことを完全に理解し、かつ応用して生きる人は、もはや立派に人生哲学の第一原則を会得した人だといえる。

なぜなら、それは人生というものは、言葉で哲学化され、科学化されているからである。言葉が人生を左右している。

それくらい言葉は大事なのだ。

7

愚痴《ぐち》るということは……

忙しくてやりきれないなどということを口にする人は、心になんの余裕もなく、また心に余裕のないのは畢竟《ひっきょう》そのことに気が本当に打ち込まれていないからである。

自己の好きな仕事や遊びに熱中している人などが、どうも忙しくてやりきれないなどと愚痴るのを耳にしたことはない。

8

言葉は慎重に

目的を実現するには、常に言葉に慎重な注意を払いいかなるときにも、積極的以外の言葉を使わぬように心がけることである。

たとえば不平不満を口にするということは、人間として少しも恥ずかしいことではなく、むしろそれが当然のことであり、すべての人間に共通したことであるかのように考えている人がいる。なかには、人間が不平不満を感じ、かつこれを口にするからこそ、人間世界に進歩や向上といったものが訪れるのだと大きな誤解をしている人すらある。

これはちょうど、疑うからこそ正邪の区別や真理を発見できるのだという誤解のしかたと同じである。

不平や不満を口にする悪習慣は、いたずらに人に煩悶《はんもん》や苦悩を感じさせるだけで、人生にいかなる価値も付与しない。そして、そのような不平不満は、知らず知らずの間にその人を蝕《むしば》み、完全な自己統御を不能な状態に追い込んでしまうのである。

言葉が人生を左右する

9

具合が悪いときに具合が悪いと言ったら具合が悪いのが治るかい

こう言うと「痛いときに痛いって言って、なにが悪いんですか」なんて言う人がいるが、具合が悪いときに具合が悪いと言ったら、具合が悪いのが治るだろうか？　運命が悪いときでも、「ああ、俺はなんてついてないんだ」って言ったら運命がよくなるか？　言ってよくなるなら、もうどんどん言えばいい。しかし、よくなりはしない。

言葉には、その言葉が発せられると、観念を通じてその言葉のとおりの影響が出てしまうという応用、作用力がある。だから悲観的な言葉を発すれば、悲観的な影響が自分自身に返ってきてしまうのだ。ちょうど、池に石をポチャンと落とすと、向こう岸に当たって波が返ってくるように。

言葉には人生を左右する力がある。この自覚こそが人生を勝利に導く最良の武器なのだ。

10

間違ったら取り消せ

「ああ暑い、どうにもやりきれない」
そんな言葉を口走ってしまったら
「……と昔は言ったけど」と
すぐそこで打ち消しておけばよい。

もし不平や不満を口走ってしまったら、それを従来のように身勝手、身びいきで考えないで、すぐにそれを恥ずかしいことだと強く反省する習慣をつけることだ。そして、反省するだけでなく、それを打ち消したうえで積極的な言葉に置き換えてやればいいのだ。

気づく

11

どうにもしようがないと思ったとき
ひょいと自分の心のもち方を考えてみなさい。
「自分の心のもち方が消極的だったためなんだな」
とわかると
「そうか、積極的な心に振り替えればできるんだ」
ということに気づく。

人はよく「積極的」とか「消極的」という言葉を口にするが、ここでいう積極心とは単に消極的でない心をさすものではない。どんなことに対しても、とにかく強気一点張りで向かっていくというのではなく、一切の対立から離脱した心の状態こそが積極心なのである。「積極」は常に「消極」の反対語として考えられているため、「消極的」に過剰反応してしまい、目の前に現れるすべてのことに対してそれと張り合おうという気分になってしまうのである。もちろん、すべてに打ち克《か》つことができればよいが、連戦連勝いつまでも克ち続けることなどできないのが世の常である。

不幸にして心がそれに打ち克つことができなかったとき、それまで積極心と思い込んでいたものがとたんに崩壊してしまうことにもなりかねない。すると心は即座にもう積極でなくなってしまうということになる。このように、心が事柄の条件しだいでその態度が変化するようでは、いわゆる積極心とはいえないのだ。

天の教え

12

「俺は運が悪いなあ」と思わないで
「ああ、何か自分の心構えなり、方法なりに
大きな間違いがあったのを
こういう結果になって、天が教えてくれているんだなあ」
と考えなさい。

およそこの世のありとあらゆる事物のなかで、原因のないものなど絶対にない。一切の結果現象というものは、原因というものの集積にほかならないのだ。

自分の言葉や行動や仕事などの結果で、何か不本意なことがあったとき、それを仔細《しさい》に検討すると、必ず「力」か「勇気」か、もしくは「信念」の欠如が原因であったことがわかるはずだ。どんな人間でも、何かを為すときには、力と勇気と信念の三者を一体とした心構えが、それを成功に導くためには何よりも必要な根本要素であると無条件に自覚するに違いない。

13

すべてに気を込めて行え

「何事を行う際にも
決して気を抜いて行わぬことを心がける」
言い換えると諸事万事気を込めて行うこと。
すなわち万事すべてを真剣な気分で行うのである。

これを的確に具体化するには、日々の生活において時間と仕事とを特定して「気を込めて物事を行う練習」をすることである。たとえば手紙を書く間とか、または読書する間とかいうとき、その時間内だけは絶対に真剣になって行うようにするのである。

なかんずく自分が平素あまり興味をもたぬこと、言い換えると気乗りのせぬことや、または気の急くようなこと、あるいは大して値打ちのないこと、もしくは慣れ切って熟練していることを行う際は、特にいっそう気を打ち込んで行うように心がけるのである。

気に気づこう

14

目に見えないひとつの「気」、
実体として感覚できないんだけれども
とにかく現在の自分を活かしてくれているこの「気」が
自分という生命を働かせている大もとなんだ。
これが信念化されちまうと、活きる力が強くなるんだよ。

この大宇宙の中には建設や創造を現実化するプラス＝積極の気と、破壊を現実化するマイナス＝消極の気とが、「進化と向上」に必要な新陳代謝作用を完全にするために、われわれを取り巻く空間にくまなく存在している。その微妙な「気」が、人間の気分＝精神態度と常に連係している。ゆえに人間の気のもち方が人生全体を大きく作用するのだ。

だからこそ、人生に活きる際、どんな事情があろうとも、心を消極的にしては絶対にならないのである。

積極的な心

15

いついかなるときといえど、
心の尊さと強さと正しさと清らかさを
失っちゃいけないよ。

人類はどんな悪人でもまた善人でも一列平等。オギャーと生まれたとき、その心は無色透明なんの色にも染まっていないピュアなもんだ。ピュアとは尊さと強さと正しさと清らかさを失わないことだ。その心に自分の心をかえせ。それが積極的な心だ。

力の結晶

16

心の置きどころを常に積極的にするために
「自分は力だ」ということを、断じて忘れてはいけない。

元気という気が出たときに、人間と宇宙の見えざる意思とは完全に一体となる。事実、元気が出たときにはなんともいえない爽快さを感じるものである。とにかく、元気はつらつとした状態で活きることこそ、最も必要かつ大事である。
自分が力の結晶であることを忘れないために、常にこの言葉を暗唱しなさい。

私は、力だ。
力の結晶だ。
なにものにも打ち克《か》つ力の結晶だ。
だからなにものにも負けないのだ。
病にも、運命にも、
否《いな》、あらゆるすべてのものに打ち克つ力だ。
そうだ！
強い、強い、力の結晶だ。

できているほうが本当

17

できないことは誰がしてもできないんだ。片方ができていて、片っ方ができなかったらできているほうが本当で、できないほうが間違っているんだよ。

理想をもつこと

18

「ああなったらいいな、こうなったらいいな」
ということが理想化されて、
今のこの世の中が創りだされてきたんだろ?

自分の思考が生みだすということ

19

あなた方の思い方や考え方が現在あるようなあなた方にしているのだ

この世のなかの一切合財、天地自然のもの以外はすべて、人間の思考によって生みだされたものである。太古から脈々と人間が心に思うことや考えること、「ああなったらいいな、こうなったらいいな」ということが理想化されて、それがひとつひとつ現実となって、今のこの世のなかが創りだされてきたのだ。

だから、本当に理想的な、思いどおりの人生に活きようと思うなら「ああなりたいな」とか「こうなりたいな」と思うだけでなく、もう、そうなった状態を心のなかに情熱の炎でもって、ありありと描けばよいのだ。オリンピックの聖火の如《ごと》く。

20
完全を喜ぶ気持ち

どんな人間でも
「ものごとを完全につくりあげたい」

という気持ちがあるはずだ。

完全を喜ぶ気持ちが、その心の中にあるはずだ。

誰も代償のない破壊を好むものは、いない。

誰に習うことなくパズルを組み立てたり、積み木をしたりすることを楽しいと感じるのも、人間の生命の本来の目的が創造的であるという証拠である。

どんなに年をとっても、自分の心からこの意欲をピンボケにしてはならない。自分の心の中で創造の意欲という情熱の炎をえんえんと燃やしていなければならないのだ。

考えるという能力

21

できないことをできた恰好《かっこう》にしちまうんだ、頭のなかで。
そうすると人間が人間らしく、本当に活きられるよ。
人間だけなんだよ、考えられるのは。

布団のなかに悩みをもち込むな 22

夜一旦就寝しようと布団の中に入ったら、
たとえどんな悲しいことや、腹の立つことや、
その他の気にかかることがあっても、
それを断然明日の宿題とすること、
即《すなわ》ち今、正に自分は一日の疲労を休養するため、
これから睡眠をとるのだから、
精神にも肉体と同様に安息を与えなければならない。

腹に気を込めて、肛門を締める 23

肛門を締めてると、そりゃもう人間の生命の強さがぜんぜん違ってくるんです。怒りそうになったらキュッ、悲しくなったらキュッもうこれだけでぜんぜん心がいたぶられなくなるんです。

怒り、恐れ、悲しみなどの激しい情動、不安や動揺を感じたときには、「クンバハカ」を実行しなさい。肛門を締めあげながら、丹田《たんでん》と呼ばれる下腹部に気を込めつつ肩の力を抜いておろす。この三つを同時に行うのである。

24

まず仲良くする

凡人《ぼんじん》は敵対し、優れし人は和合する。
ケンカすることより、
仲良くすることをまず考えなきゃだめですよ。

「思いやり」をもつことがいかに尊く、聖なる情念であるかということは誰でも知っている。

しかし、それを本当に実行している人は非常に少ないというのが現実である。

思いやりとは相手方の気持ちになるということ。わかりやすくいえば「自分が先方の立場にいたらどうであろうか」ということを考えることである。

実際、自分以外の人の気持ちを理解し合うことができるという、特殊な能力が人間だけに備わっているのはなぜかと考えたら、何事においてもまず相手方の気持ちになって考えてみることがすべてのことをスムーズに解決する秘訣《ひけつ》だと理解できるだろう。

調和を無視すると……

25

たとえ力と勇気と信念をもって事物にあたっても、不完全な成果しか得られないときがある。それは、「調和」を無視した結果である。

「不完全のなかに調和はありえない」という宇宙真理がある。

調和を度外視した言動は、結局は当初の目論見《もくろみ》や理想とは大きく外れた結果を生み出すか、招きよせることになるのだ。

実際、世間を見渡せば、力も勇気も信念も十分すぎるくらいあるのによい成果を得ることができないという人は少なくない。

要するにこうした人は、自己の存在のみを重く考えて、自分以外にも人はいるのだという大切なことに配慮しなかった結果、知らず知らずのうちに調和を無視しているのだ。

敵を愛せ

26

敵は愛すべきもんだぜ。敵があって初めて自分の価値が定まるんだから。

相対するものがいなかったら、自分というものは孤独だ。孤独だったら、自分の存在というものの価値は、誰がいったい定めてくれるかということだ。佐々木小次郎も宮本武蔵にとっては敵だったかも知れないが、同時に武蔵の強さを証明してくれた恩人ということにもなるのだ。

他人を批判する前に

27

**他人のアラや欠点を詮索《せんさく》することをやめて
自分のアラや欠点を厳しく詮索せよ。**

「人のふり見て我がふりなおせ」ということわざがあるが、たとえば他人の言葉や行動をやたらに批判する人というのは、人のふりに我がふりを正しく照合して自分の態度や行いを正そうとせず、ただ、悪《あ》し様《ざま》にそれを批判するだけであるから、その批判からは少しも価値あるものを得ることはできない。

もちつもたれつ

28

宇宙を含めて、この世はすべて
もちつもたれつで成り立っていることを忘れるな。

何事においてもまず相手方の気持ちになって考えてみることがすべてのことをスムーズに解決する秘訣《ひけつ》である。しかし、このような真理がわかっていても、なかなかいざとなると相手の気持ちになって考えようという気持ちになれない人がいる。その人の人生観があまりにも「自己中心主義」だからである。

ではなぜそうなるのかというと、それはその人の「世界観が、正当に確立されていないから」であり、それはつまり宇宙の真相というものに対する考察と理解をするための知識をもっていないからだということができる。

まず第一に考察すべきことは、この世の、宇宙も含めたありとあらゆる万物万象がそもそもなにによってつくられているかということである。そしてこれら万物万象のすべては、一切独自的に存在するものはひとつとしてなく、厳密に相互に協調して、その存在を確保し合っているという、侵《おか》すべからざる現実があるということである。つまり、もちつもたれつ、互いに助け合って調和を図りながら存在しているということなのである。

宇宙の真相というものがわかってくると、自己中心主義が決して完全な人生を活きようとする者の正当な人生観でないことが、自然と納得できるようになる。

反省とは自分がするもの

29

反省というのは、その人自身が自己の心をその人の本当の良心に照らして熟考するべきもので他人から言われてするものではない。

反省はあくまでも自発的なもので、決して他人から言われてするようなものではない。また、人に反省を促すことはできても、それがたとえどんな権威者であっても他人に強要する権利は絶対に付与されていないというのが真理である。

よく、人に向かって反省しろと言って、相手がその強要に応じないと憤《ふん》慨《がい》、激怒する人がいるが、これこそ笑えぬ冗談のようなものである。人に反省を強要する前に、まずそんなことをする自分のことを反省することである。

西洋の哲人も言っている。

「優れた人は自己を責めて、人を責めない」

自分に言い訳するな

30

生まれつき病弱だとか、運が悪いなどと
自分以外のところに責任があるように考えて
自分を反省しない人間は
一生うだつのあがらない哀《あわ》れな、
虐《しいた》げられた生涯を送ることになる。

自分の言行に対する責任感の薄い人は、自己の健康や運命に何かの変調が生じると、その原因をとかく自己以外のものに転嫁《てんか》して、しかもそれが大変な間違いだと気づかないという傾向に陥《おちい》りがちである。しかしそういった健康や運命の変調の原因を、他に転嫁して考えるかぎり、そこからよりよい状態へと挽回することは無理だといわざるをえない。

自己の人生に生ずるすべてのできごとは、すべてに自己に責任があると自覚して処理しないかぎり、完全な人生を活きることなどできないのである。

31

自分との約束を守れ

約束を破ることは、罪悪であるけれども
他人との約束を破ることよりも
自分自身への約束を破ることくらい、大きな罪悪はない。
なぜならば、自分自身への約束は
天と約束したことになるから……。

残心ということ

32

人生に最も注意すべきことは得意のときにひとしお心の備えを緩《ゆる》めぬよう心がけることである

得意感を心が感得した際は、たいていの人がたちまち有頂天になって、その結果として心の備えを緩めがちである。そして心の備えを緩めると、運命や健康上に、往々《おうおう》にして軽視することのできない破綻《はたん》をひき起こすことが、事実的にすこぶる多い。

武道でいう「残心」という言葉で言うと、要約すれば、闘い終えたときの心構えということを意味するのである。わかりやすく言えば、闘う前の心構えと、闘う最中の心構えと、闘い終わったときの心構えに、いささかの差別もあってはならないという戒《いまし》めなのである。

すなわち、闘い終わったときも闘う最中と同様、かりそめにも安易に心を緩めるなかれということなのである。

33

メッキはメッキ

**鉛《なまり》は鉛、金は金。
鉛にメッキして、俺は金だという顔をしなさんな。**

34
人はひとりでは活きていけない

もし少しでも報償目当ての卑《いや》しむべき気持ちになったら、
そのときはこの古いことわざを思い出すがよい。
「箱根山　駕籠《かご》に乗る人担《かつ》ぐ人　そのまた草鞋《わらじ》をつくる人」

この世のなかに活きるのは、いかに偉くなっても自分ひとりでは活きていけない。人あっての自分、自分あっての人だということが、理解できればそれを良心が感応し、報償を超越した責務感となり、さらにそれが当然の帰結として「まごころ」となって発露するのだ。

「まごころ」というものは、超特的な積極性の「心意《しんい》」である。だから、その行為に「まごころ」が伴っていれば、絶対的な強さが加わりその生活行為において疲労を感じることもなくなっていく。

そうなれば、期せずして毎日が常に明るくはつらつとしてくるのも当然であろう。

35

「清濁を併《あわ》せのむ」寛容さ

清濁を併せのまない心でこの混沌たる人生を活《い》きると、自分の活きる人生世界が極めて狭いものになってしまう。

もし真の積極心を得ることができたとしても、ひとつ忘れてはいけないことがある。それは、己の心的状態で他人の気持ちや心の状態を推《お》し量《はか》ってはならないということである。

簡単にいえば、「自分に厳しく他人に優しく」ということだ。

自分に対しては常に厳しくあることは必要だが、自分以外の人に対してはあくまでも「清濁併せのむ」という寛容さを失ってはならない。

もしこの寛容さを失うと、「どうしてアイツはこうなのか」とか「どうしてわからないのか」などと、再び自分の心の中に「負けまい」とか「勝ってやろう」という気持ちが表れて、せっかく得た積極心をも失うことになるからである。

江戸時代の俳句にこんな一句がある。

「気に入らぬ　風もあろうに　柳かな」

これぞ天風哲学の人生理念である、積極心をもち続けるための真理をついた言葉であるといえるだろう。

真剣に聴いてごらん

36

重要なことを聴くときは
恋人の言うことを聴くような気持ちで
聴くようにしてごらん

聴く気持ちがないときに、いくらためになる話を聴いても、どうしても耳に入らないものだ。空腹のときには、どんなまずいものでも美味《おい》しく感じるが、食欲がなければ山海の珍味だってちっともうまくない。

ただいま今日この瞬間というものは、永久に帰ってこないのだ。

そう思って、重要なことを聴くときは、もうこれ以上に真剣になれないってくらいに真剣な気持ちで聴きなさい。そして、重要なことは、決して手帳やノートなどに書いてはいけない。人間は、覚えなきゃいけないことは覚えられるようにできているのだから。

態度が大切

37

結局、態度というのが
どれだけ人生の全体を支配するかわからないということを
考えなきゃだめなんですぜ。

38

行為の尊さ

人間の行為に、「まごころ」を込めて為《な》されたのと、
そうでない場合は、その結果がどうであれ
その行為の「尊さ」には格段の違いがある。

たとえば他人の危機を救うというような場合、報償目当てで救ったのと、そのような見返りなど念頭に置かずに救ったのとでは、たとえ自らの危険をかえりみずに救ったという行為と事実は同じであっても、その行為の尊さには越えがたい大きな隔《へだ》たりがあるはずだ。

言い換えれば、その行為の因《もと》を成《な》す「心」なるものが、報償や見返りを念頭に置いた「心」と、報償などを計算の中に入れていない自然から発した「まごころ」とではその純正さにおいて後者のほうがはるかに正しく清いのである。

多く言うまでもなく、真理は、万事に通貫する。

事実において、それは、人の危機を救うというような大きなことだけでなく、日常の生活における行為に対してもまたしかりなのである。

「まごころ」には、絶対の強さがある
39

「まごころ」という「心」の中には、期待というものがないから当然、期待外れとか失望というものがないのである。

失望というのは、ある期待が裏切られたときに発生する相対的な心理である。だからこそ、報償を行為の目的とすると、その報償には当然「期待」というものが付随する。その報償が期待どおりであればなんら失望することはないが、そうでないと、すぐに失望の二文字が頭をよぎる。すると、期せずしてその行為にムラが出てくる。強さが失われがちになるのである。

だからこそ、真理に順応して、真人生《しんじんせい》に活きつつあるものは、ふだんから〝Emolument is not object with me〟（報酬は私にとって目的ではない）を人生のモットーとして生活することを心がけねばならないのだ。

「まごころの尊さ」

40

小さなことにこそ、「まごころ」を込めるんだ。

たとえば、ちょっと一杯の茶を出すとか、「はい」と人に返事をするような些細《ささい》な行為であっても、そこに「相手に気に入られよう」とか「好感をもたせよう」といった気持ちからではなく、何も求めない純粋な「心」でそれが行われるとき、その行為からは形容しがたい温かいものを感じることがある。

それがすなわち「まごころ」というもののもつ尊さを感じるときなのである。

世界平和を実現するには

41

まず個々の家庭平和を確立することを実行すべし

よくよく考えてみれば、家庭生活の大部分を感情重点主義で行い、自分自身自己のその点を知る知らざるとを問わず、それを習性化している人々が社会や国家を形成しているかぎりは、勢い世界平和というものは、その実現の日を遠い将来におかざるをえなくなると思われる。なぜならば、感情重点主義の生活を行う家庭には、真の平和というものがないからである。

真の平和とは、お互いに克己《こっき》し、お互いに自制し、お互いに相譲り、相敬い、相愛し、相楽しみ、相導き、相助け合う、という完全調和の美しい気持ちが、家庭組織の各個々人にもたれているということが、何より先決事項である。

人間の目的

42

われわれ人類は
「宇宙の原則に即応して
この世の中の進化と向上とを現実化することに努力する」
ためにこの世に生まれ来たものなのである。

宇宙を含めてこの世の万物万象は調和のうえに成り立っている。その調和がなんらかの原因で崩れると、それをそのままにしておかずに元に戻そうとする無限の深切（親切）さが存在している。つまり、できたての歪《ゆが》んだシャボン玉が時間とともに完全な球体へと変化するように、不完全を完全に復元しようとする努力が自然作用で繰り返されているのである。

言い換えれば、いつもこの宇宙の一切を完全であらしめる作用が、休むことなく果てしなく継続して働いている。こうして、いわゆる諸行無常の姿をもって、この世は間断なくひたすら完全へと進化し向上している。これがすなわち宇宙の法則である。

この厳然たる事実を考えると、人間もまたその進化と向上に順応するために生まれてきたということに気づくはずである。

宇宙と結びついている生命

43

あなたは、ひとりでいるのではない。
常に大宇宙というものに包まれていて、
しかも大宇宙の根元は全知全能の力をもっている。
それと結びついている生命を自分がもっているのである。

大宇宙の誕生（ビッグバン）によって生み出されたものが、森羅万象である。したがって、哲学的に究極していくと、現象界に存在する森羅万象と称するものはすべて、宇宙本体のエネルギーの分派によって創られている。人間それ自身の存在だけを考えると、いかにも哀《あわ》れな、不幸なものに感ずることもあるが、宇宙本体のもつ幽玄微妙《ゆうげんびみょう》な働きと、人間の生命との関係を考えると、もっと自己というものを無限大に考えてよい。

44

心に限界はない

人の心というものは、なんと、この世のなににものにも比べることができない大きなものである。

真剣に気づかねばならないことは、人間の心の大きさである。果てしない大宇宙よりも、それを想像できる人間の心のほうが偉大であるということである。

広大無辺の大宇宙よりもさらに心は大きい。月を見るときの心は見つめられている月よりもさらに大きいと考えられないだろうか。星を見て、その星よりもさらに広大な様子を心は想像できる、という簡単なことを考えただけでも、いかに人の心が一切をしのいで広大であるか、ということがわかってくるはずだ。

伸びるのが自然

45

人間には、あえて老幼男女の差別なく
その生命の中に健康も運命も自由に獲得し、
また開拓し得るという
真に感謝に値する偉大な力が与えられてあるのである。

人間は、そうやたらと病や不運に悩まされたり、虐《しいた》げられたりせねばならぬものではなく、その一生を通じて、健康はもちろん、運命もまた順調で、天寿を終えるまで幸福に生きられるように本来的にはつくられているものなのである。

しかし、自分を向上させようという意欲が薄くなった人は、どうしても老衰を早める。そうなる理由は、大宇宙から与えられる、生命を支える活力を受け入れる口をわざわざ自分でふさいでいるからだ。

生命と心

46

人間というものは、人間自身の心の中の思わせ方、考えさせ方が、自分の生命を強くも、弱くもするものだということを、厳格に悟《さと》ろう。

47

悪運は天命ではない

健康のときでも不健康のときでも、また幸運の際にも不運の際にも、否《いな》、どんな苦難不如意《ふにょい》のときであっても、その心は断固として積極的に、厳《げん》として保持しなければならない。

考えてみよう。怒ったり、悲しんだり、悶《もだ》えたり、迷ったり、苦しんだりしているときに、気持ちがいいか。

静かに自分の心に問うてみよう。

「心に憎しみはないか、怒りは、悲しみは、嫉《ねた》みは、悶えは……」

そして、少しでも消極的な気持ちが心の中にあるならば、それは自分を宇宙の真理から遠ざけて、くだらぬ悪運を招き寄せる種を蒔《ま》いているのと同様である。

悪い運を「天命だ。あるいは逃げられない業《ごう》だ」などと考えている人があるなら、結局その人は人生を、寸法違いの物差しで測っているのと同じような結果をつくっているようなことになるのである。

神頼みする愚《ぐ》を知れ

48

信仰から何か代償を得ようとすること。
すなわち、神なり仏を信仰して
もっとよりよい幸福や恵みを受けたいという種類の信仰、
これは率直にいえば、決して正信《しょうしん》ではなく、
強いていえば擬信《ぎしん》である。

もし、あなた方が考えているような神や仏がこの世の中に存在したら、この世界に戦争などあるわけがない。キリスト教の人たちが地球を破壊してしまうような原爆や水爆を考えだす必要などないではないか。本当にあなた方が思うような神や仏がいて、それに信仰を捧《ささ》げたなら、即座に神や仏のようなきれいな気持ちになれそうなものではないか。

活《い》きろ

49

人生はどこまでも活かされる人生であっちゃいけない。
活きる人生でなきゃいけない。

なぜこの世に生まれたのか考えよ

50

人間は、この世に病《や》むために生まれてきたのでもなければ、煩悶《はんもん》や苦労をするために生まれてきたのでもない。もっともっと重大で尊厳に満ちた使命を遂行《すいこう》するために生まれてきたものなのである。

こう言うと「自分は、別に誰かに命令されてこの世に生まれてきたのではない。生後何年かして、気づいてみたら人間であったのだ。したがって『本来の使命』などということがどんなものであるかを知るはずがないではないか」という人もあるかも知れない。しかし万一そういうことを、平然と言う人があるとすれば、その人は、自己を自ら好んで侮蔑《ぶべつ》している人たちだと、遠慮なくいってもよい。

おおよそこの現象界に現存するありとあらゆるものは、いずれもおしなべてなんらかの使命があって生まれたものでなんの使命もなく生まれ出たものは、ひとつもないということを……まして生きとし生ける一切の生物の中で、万物の霊長といわれる最高の優秀さを賦与《ふよ》されて、この世に生まれ出た我ら人類になんらの使命もないはずは断然ないのである。

51

人生は一度きり

自分というものは、絶対に自分ひとりでほかに代わりがない。
そしてそのうえに、人生はただ一回のもので、
二度も三度も生まれ出たり、生まれ変わることはできない。

真剣に命を大切にする

52

人間は一度死んだら二度とこの世に生まれてこないと知ったら、
もう少し命を真剣に大切にしたらどうであろう。
そして真剣に命を大切にしようと思うなら、
今生ただ今このときの生命を、
最も力強く活《い》かさなければうそである。

活《い》きがいのある人生を

53

人生に生きる以上は
どうしても生まれがいのある
そして活《い》きがいのある人生に活きなければうそである。

人間というものは、いっぺん死んでしまうと二度と出てこられない。この厳粛な現実を、本当にわかっているか。価値ある人生に生きようとしたら、価値ある人生に生きる一番最初に必要なことをつくりあげる。すなわち、自分の心のあり方を変えなくてはいけない。自分自身を自分自身が磨かないかぎり、自分というものは本当に偉くならないのだ。

元気

54

健康や運命に関係なく
いつも元気でいられるのが人間である。

一日でも早く病を回復させ、本当に丈夫な人間になろうと思うなら、断然病などに負けてたまるかと、一大元気を心の底から煥発《かんぱつ》することである。

そして病の回復を催促《さいそく》しないことである。すなわち元気を出しているけれど、まだ一向によくならないなどと思うのは、既に元気が引っ込んだことになる。

「治るときが来れば治る‼」

こう考えることが一番大切で、かつ、また本当の元気のある精神状態なのである。

心配したって始まらない

55

一ミリか二ミリの病をとてつもなく大きく考えて、気にかけ神経を過敏にする。それがすなわち「病《やまい》」を「病気《びょうき》」にするということなのである。

ああなるんじゃないか。こうなるんじゃないか。滑ったの転んだのと考えていたら、人間、一分一刻も安心できる瞬間はない。船に乗ったら船頭まかせ、病になったら医者まかせという言葉が昔からあるではないか。病にかかったらこう思えばいいのだ。

「治る病ならば、ほうっておいても治るんだ」

同情のしすぎに注意せよ

56

健康を害している人や、悲運の人に接する際は、鼓舞《こぶ》、奨励《しょうれい》以外の言葉は、口にしないように注意することである。

世の中には、人の身の上話や不運の話などを聞かされて、同情の極み、果てはその人と一緒になって、悲しんだり泣いたり怒ったりする人がある。そして相手方の人も、そういう人を、何か大変思いやりのある話のわかる人のようにさえ思う。

しかしこれは、極めて皮相《ひそう》的な考え方だ。そりゃもちろん同情ということは、人間の為《な》さねばならない当然の美徳ではある。が、しかし、その美徳である同情の垣根を越えて、相手方の気持ちの中に引きずり込まれて、同じように、消極的な暗い気持ちにならなければならないという、間違った義務がいったいどこにあるであろうか。

57

何があっても心だけは

たとえ身に病があっても、
心まで病ますまい。
たとえ運命に非なるものがあっても、
心まで悩ますまい。

くしゃみひとつ、咳《せき》ひとつしただけで神経をピリピリとさせる人がいるが、心が肉体に対して消極的に注がれると、肉体の生きる力の受け入れ態勢が妨《さまた》げられ、本来の強さを発揮することができない。したがって可能なかぎり、消極的な気持ちで肉体を考えないようにすることが、何よりも大切なのである。

一筋の川の流れ

58

命の活《い》きている有り様は、一筋の川の流れと同様である。
川というものには、必ずその水源がある。
そして、命の流れの水源に該当するものは即《すなわ》ち
心＝精神なのである。

かつてインドの聖者から、「お前は自分の体のことばかり考えて、つまり、川上のことはそっちのけで、川下だけを掃除しようとしている。そのことを教えてやる」と言われた。

つまり、心と体という、命を形成しているものの関係は、ちょうど一筋の川の流れの如《ごと》く、切れず、離れない。そうして、常にこの川の流れの川上は心で川下は肉体だということに気がついたならば、心というものはどんな場合があろうとも、積極的であらしめなければならんのは当然だ、と気がつくだろう。

59

死ぬときは死ぬさ

医者にかかっても、治らない病は治らない。
しかし治らない病は、一生にいっぺんしかかからない。
もしあるなら、二度も三度も死ななきゃならない。
寿命が尽《つ》きるまで死にはしないんだから安心しなさい。

寿命が尽きるときの病は、どんな名医が来ても治りはしない。しかし、それまでは死にはしないんだから安心することだ。だから、病になったら医者にかかるもよし。医者にかかった以上は医者にまかせなさい。医者にかかっていながら医者よりも病の心配をしているような人は、金儲《もう》けの好きな医者を喜ばせるだけである。そういう患者は、半年飲めばいい薬を一年も飲んでくれるし、一年で治る病も三年もかかってくれるから、医者としては銀行の預金が増えてけっこうな患者ということになるのだ。

死ぬことを怖《おそ》れない

60

死ぬということは生まれる前と同じ境遇に入るだけのこと。

人間というものは、自分自身今生きているということを、意識している間は死んではいないのだから、脈なんか検査するのは断然やめなさい。死を怖れ、死を心配するために、いっそう早く死を招来するという厳然たる事実があるのだ。

取り越し苦労はするだけ損

61

およそ取り越し苦労というものくらいくだらぬものはない。それはいたずらに心のエネルギーの消耗率《しょうもう》を高めるだけで、なんの得るところもない全損的行為であるからである。

私はいつも、取り越し苦労する人のことを、闇の夜道に提灯《ちょうちん》を高く頭上に掲げて、百歩二百歩先のほうを、何かありはしないかと気にして歩くのと同じだと言っている。静かに足元を照らして歩めば、つまずきもせず、転びもしないが、足元を見ないで遥《はる》かの遠方のみを気にして歩けば、いつかは石にけつまずいたり、溝に落ちたりする。

心もまたこれと同様で、みだりに、未だ来たらざる将来のみに振り向けて、肝心の現在を疎《おろそ》かにしたのでは、到底、心そのものの動きさえ完全に行われぬことになる。

死んでないかぎりは活きてるんだ 62

ケツが痛かろうが
頭が痛かろうが
熱があろうが
死んでないかぎりは活きてるんだ。

63

気がついていないだけ

感謝に値するものがないのではない。
感謝に値するものを、気がつかないでいるのだ。

心が体をつくる

64

「健全な肉体に健全な精神宿る」という言葉がある。真理でないとはいわぬが、決して絶対的真理ではない。「健全な精神が健全な肉体をつくる」のである。

体は病弱でも、心のほうが遙《はる》かに強い人がある。

それをよく示しているのが、生まれつき極めて恵まれぬ弱い体の持ち主であったにもかかわらず、その不屈不撓《ふくつふとう》の精神力で、死ぬまで幾多の著述を世の中に公《おおやけ》にする努力を中止しなかったイマヌエル・カントが残した次の言葉である。

「余は、余の心に最大なる感謝を捧げる。余の生来の病弱体を今日まで活かしてくれたのは、ひとえに余の心である」

精神と肉体は一如《いちにょ》

65

人間の生命は、魂を中核として、精神と肉体とが密接不離一如《いちにょ》の状態の下に結合されてつくられている。すなわち心と肉体とが打って一丸とされたものが、人間の命の真の姿なのだ。

現代人の多くが精神と肉体、いずれか一方のみに重きを置いて日々の生活を送っているように思われる。

どんなに楽器を吟味《ぎんみ》しても、弾《ひ》き手の技能を無視しては、完全な音楽が演奏されないのと同様、弾き手だけを吟味して楽器を軽視したのでは完全な音楽を味わうことはできない。要するに弾き手と楽器が一如に考えられなければならぬように肉体と精神も統一されなければならぬ。人生また然《しか》りである。

体の強さと心の強さ

66

体の強健な人が心までその体のとおり強いというのは、むしろ極めて稀《まれ》な事実で、何かの動機で体の強さを失うと同時に、その心の強さも失われるという相対的の強さであるのが普通の現象である。

67

大象の小心

インドの聖者の訓《おし》えというのにこういったのがある。
「いたずらに理性的智力のみをたのみとして生きている人間は、
なんのことはないあたかもかの大象の如きものである。
大象はいかにも力もあり強くもあるが、
憐《あは》れその力や強さのあるばかりに
小さな人間の子供にまで自由に使いまわされ、
そのうえ少しの物音にも驚いて飛び上がり右往左往する」と。

人は見かけによらない

68

本来、凡人《ぼんじん》と真人《しんじん》とは
その外見においていささかの変わりもない。
否《いな》、ある意味からすれば凡人のほうが
真人より小才もあり利口そうに見える場合が多い。

真人はその心の使い方が凡人輩と異なり、小事些事《さじ》にみだりにこだわったりせず、人事世事にもあえて神経過敏的に対応しない。そして毀誉《きよ》褒貶《ほうへん》をも大して意に介せぬという状態が多いから、なんとなく常識的でないかのように見えるのだ。

生命の法則

69

生命機能が人間より劣《おと》っている他の動物においてさえ、
その生命法則は、
一分の狂いもない厳格さをもっていることに気づいたとき、
さらに万物の霊長である人間においては、
よりいっそう瞬間刹那《せつな》でも侵《おか》すことの許されない法則＝道が、
その生命を活《い》かすにあたって現存しているということは、
そう深く考えるまでもなくはっきりしているはずである。

70

自然界の法則

人為的に作成した法律規則でさえ、
これに背反《はいはん》すれば必ず罰《ばっ》せられる。
人智を超越した自然界に実在する法則に順応せず、
背反すれば、忽《たちま》ちなんらかの制裁を
その生命存在に受けねばならぬとは、当然のことである

本当にわかる、ということ

71

千万理論を知っていても、
これを現実化することを知らなければ
露骨な皮肉ではあるが、それは本箱と相等《ひと》しきものだ。

理解できていないことならいざ知らず、かりにも理解していることを実行できない、しない人は、どんなにうまく弁解したとしても、結局は実行しようという意欲が徹底していないという理由に帰結する。なぜそうなのかというと、自己完成への情熱がそれほど強くないからである。

最初のうちは鉋《かんな》クズに火がついたような勢いでも、何年かすると初めの勢いはどこへやらとなる人が少なくない。そうなるとおおむねはダメということになる。

これではわかったということにはならない。

絶対的な真理を本位とするべき

72

魚が水の中で生きていながら水の存在に気づかないのと同様に人間は真理の中にいながら、真理をなかなか自覚することができない。

「真理」とは唯一無二の絶対的なものであり、過去現在そして未来永劫《えいごう》にいたるまでなんら変化しないものである。が、中にはいわゆる「倫理」というものを真理と同じように考えている人がいる。

すべての倫理が天理に基づいてつくられたものであるならまだしも、実際に「倫理」と称されるものの多くは、人間のその時代時代の生存上の都合や環境などに合わせて人工的につくられたもので、それがいかに尊く見えてもそれらのものは時代の推移や変遷とともにどんどん変化していく。戦前と戦後における男女の人権意識しかり、国家間の戦争での殺人と平時の殺人に対する罪の認識しかり……。

ゆえに人間はいかなる場合でも、善悪を判断する際には相対的な倫理を本位とするのではなく、永劫不変で絶対的な真理を本位とすべきである。

73

自分の分《ぶん》を知れ

人々がその人生に生きるために使っている力というものは、
実際の生命力の全体量からいうと
日によって相違はあろうけれども、
いずれもその何パーセントかに過ぎないのである。

先哲ソクラテスの言葉に"Know thyself"という有名なものがあるが、この語に対して、古今の学者や識者の中には、往々《おうおう》これを「己の分《ぶん》を知り、その分を超ゆる勿《なか》れ」という意味として、道義的処世訓のように解釈している人が相当多い傾向がある。

がしかし、私は断然これに同意しない。もっと尊い人生消息を喝破《かっぱ》したものに相違ない、即《すなわ》ち「人々よ、人間の本質に目覚めよ!」という、人生自覚の一大示唆《しさ》を含蓄したものなのだと確信するのである。

実際、この言葉を、玩味《がんみ》すればするほど「人間というものは、多くの人々の思っているよりも、遥《はる》かに尊いもの遥《はる》かに崇高《すうこう》なものだ」ということを、切々として我が心に感じるのである。

為《な》す人になれ

74

かりにも、自己を現在よりも
有意義な人生に活《い》かそうと欲する人は、
どんな場合にも、自己を「為《な》し能《あた》わぬ人」とか、
また「為さざる人」の組合に入れぬことである。
そしてひたむきに「為す人」にならねばうそである。

75

正義のみ

西哲の言葉に
「神の心は正義のみ。したがって人が正義を行うとき、神の力は、その人に無条件に注ぎ込まれる」
というのがある。
誠に味わうべき言葉である。

時は金なりというが

76

今日やらなくても明日があるさと言うな。今年やらなくても来年があるさと言うな。月日というものは、たちまち去って二度と返ってこない。あきずに行うことが人間の本当の道なのだ。

「光陰《こういん》矢《や》の如《ごと》し」という言葉は、誰でも知っている。しかし、知っていながらそれは単に知っているだけのもので、少しもそれを重大だと考えない。また、実利主義者は、「時は金なり」というこの言葉に心からの共鳴を惜しまないであろう。しかし、金は失っても取り返すことは不可能ではないが、時はいったん失ったら永久に現在の意識に決して戻ってこない。

極言すれば、あくびをする時間も、くしゃみをする時間も、取り返せないのである以上、瞬間といえども軽々《けいけい》に徒費《とひ》すべきでなく、心して有意義に使って活きるべきだと厳《おごそ》かに自戒《じかい》すべきである。

77

まずは生存を確保する

多くの人々は、日々の生命に対する生活のみを考慮することに重点を置いて、なによりも疎《おろそ》かにすることが許されない生存の確保という人生の基礎的な重大事を考慮の外に置いて、人生を過ごしている傾向がある。

命があるからこそ、言い換えればこうして生命が死なずに生存しているからこそ、生活というものができるのです。

正当な生き方

78

人生とは、その生命の活《い》きている事実に対する名称である。
したがって、正当な人生は正当な生き方からのみ獲得される。
心身の統一された生き方が、
人間の本来の目的に即した生活法であると論断するわけも、
またこの点にあるのである。

79

人間も自然の一部である

**我々人類の住むこの地球が
既に自然の力でできた自然物で
その自然物の地球のなかで生まれた以上
我ら人類もまた当然自然物のひとつである。**

この自然界に存在する自然物は、どんなものであろうとも、皆一様に、自然界を統一する自然法則の支配を受けているものである。

即ち大は太陽や月などの星々から、小は花鳥草木、昆虫、細菌その他ありとあらゆる現象界の物質一切、それが無機有機の区別なく、かりにも自然物である以上は、この自然法則の支配を、厳格な状態で受けている。

したがって、人間も価値比較においては、万物の霊長であろうとも、やはり自然物である以上は、この法則の支配を受けているのが当然すぎるくらい当然である。

理知教養のある人ほど……

80

現代人は、何事にもまず疑って考えることが、考えることに対する正しい考え方のように考え違いをしている。

これは科学教育の副作用だといっていい。「科学は疑い深い」というくらいで、科学はまず疑うことから始めようとする。そして証拠がないと認めない。そんなふうにすべて1＋1＝2でわからなければ承諾しないという態度で対応すると、むしろわからないもののほうが多いという事実を発見するのである。

科学は万能ではない。それを何事をも科学的に証明できなければ承諾しないという考え方で活きていると、わからない事柄だらけの人生の中に生きている自分を見つけてしまう。そうすると、ますます人生が不可解に混乱して、少しも安心できない世界になるのである。

無邪気も大切

81

一般的に現代人、
特に科学一点張りの理智教養を受けた人は、
何かの説明を施《ほどこ》す際「科学的」という言葉を用いると、
やにわにこれを何か絶対真理のように
早合点する傾向が顕著《けんちょ》にある。

この世界、宇宙というものにおいて、目に見える物質的存在は第二義的なものであり、本源はせんじ詰めると精神的なものである。なんでもかんでも理屈で考えるのではなく、ただ、無邪気、無条件に、観念的にそうだと認定する。つまり思い込むことも時には大事なのである。

82

心に住む猛獣

ヨーガ哲学の教義の中にこういうのがある。
「人の心の中には、檻《おり》の中に入れられた猛獣がいる。
そしてその檻の手入れを怠《おこた》るとしばしば
その猛獣が檻を脱《ぬ》け出して来て心の花園を荒らしまわる」

この言葉は要するに本能心意《しんい》の中に人間を苦しめるような、しかも断然人生に活きるのに必要としない心意が存在しているから、その心意をみだりに発動せぬよう常に注意深くそれを自分から常に監督するようにと戒《いまし》めたものといえる。

真理は同情しない

83

思い方や考え方が積極的であれば、積極的なものができ、消極的なら消極的なものができる。
そういうように真理ができている。
真理は人間の境遇だとか
その人の現在に同情するということはないのである。

人間なら悩んで当たり前か

84

悩みを持たない人間なんて、極端に神経が鈍いのか
そうでなければ何不自由なく生きている幸福な人か
よっぽど悟《さと》りきった優れた人だけのことで
普通の人間で「悩み」のない人間などいない。
そんなふうに思い込んでいないか。

もしもそうした考え方が真理だとするなら、およそ人生くらいみじめなものはないといわねばならない。そもそも万物の霊長である人間の世界というものが、そんな不条理千万なものだろうか。否《いな》、絶対にそんなはずはない。

人間の心が真理に合致して積極的な状態にあれば、「悩み」のように人生を暗くする消極的な心理現象など絶対に発生するはずがない――というくらい価値の高いものが、自己の生命の中にあるということを正しく認めていないから悩みが生じるのだ。

なぜ人生が楽しくないのか

85

多くの人が、この世が苦に満ちた世界だという。しかしそれは、物質本位の生活をする人々の、価値のない人生観から出た言葉である。

物質本位の生活には、満ち足りるということがなかなかない。かりにあったとしても、それは概して一時的なものである。

そのような生活を当たり前だと思っている人々の心の中には、いつも五欲、つまり財・色・食・名・睡の欲求情念のみが炎々と燃えているので、他人から見れば幸福だと思えるような境遇にいるときでも、決してこれで十分だという満足感が心の中に生じない。だからその結果、どうしても人生を心の底から楽しく感じて生きるということができないのだ。

生活の中に情味を見出す

86

ふたたびは　来たらぬものを　今日の日は
ただ　ほがらかに　過ごして　楽し。
人はみな　さだめに　活《い》くる　ひと世と知らば
心　おほらかに　過ごさんものを。

今の世の中をせちがらくて少しも面白みがないと感じている人は多い。なるほど、その生活に負わされている負担とか犠牲といったことを考えると、およそ人間の生活ほど苦しくつらく悩ましいものはないと思われよう。しかし、もっともっと立体的に人生を観察すべきである。

生活の味わいとか情味というものは、楽しい事柄の中にのみあるのではなく、また、さりとて金や物質の豊かさにのみあるのでもない。

悲しいことの中にも、また悲しい事柄の中にもあり、そこには人間世界の階級差別になんら関係はないのである。いや、むしろ富貴や地位に生きる者は、生活の情味を物質的なところから得ようとするために真の味わいを味わいがたく、したがって真の幸福というものを味わいつくすことがかえって容易ではないのだ。だから、この真理を厳粛に考察して、われわれはできるかぎり広く深く、生活の中に情味、味わいを見出すことに努めよう。

生きるために働いているのではない

87

働くということは人間本来の面目である。
言い換えれば、生きるために働くのではなく、
働くために生きているのだ。

生きるために働くと考える人は、多くの場合その働きに対する報償に満足感をもっていない。働きの結果が自分の思うように現れないと、ただちに不平や不満を口にし、時には自暴自棄にさえ陥《おちい》る。また、そこまでならないとしても、生きる楽しさを感じない力弱い人生を活きるしかなくなってしまうのである。

初志貫徹

88

初一念《しょいちねん》を貫徹する強い心が、成功させる。

要は不断の努力、ただこれひとつである。

そして、不断の努力に不可欠の条件は、いかなる場合にも、実行の際は真剣な心構えを欠いてはならないということである。

真剣に生きろ

89

人間というものは、
結局、死ぬために生まれてきたような存在である。
それだけに、活《い》きている間は、真剣に自分の人生というのを
価値高く活《い》かさなければならないのだ。

二度と生まれてくることのできないこの貴重な人生を、空《むな》しく無価値の状態にして、やれ浮世は苦の娑婆《しゃば》だとか、人生とは結局、苦患のルツボだなどといって、醜《みにく》い自己欲望にがんじがらめになりながら、ああなりたい、こうもしたいと、あくせくしながら、一向に思うほどどうにもなれず、終わってみれば無駄にくだらなく費《つい》やしてしまう者が、少なくない、というのが実状ではないだろうか。

年齢なんか気にするな

90

諸君は生まれた刹那《せつな》から今日に至るまで依然として今なお同一の諸君である。

少年のとき、壮年のとき、老年のとき……。

どれも同じ人間のはずではないか。それともどこかで取り替えたのか。

「ああ、十年前、あの風呂屋で変わった」なんてことはないだろう。

同じ人間のはずである。

情熱に年齢は無関係

91

四十や五十はもちろん
七十、八十になっても情熱を燃やさなきゃ。
明日死を迎えるとしても
今日から幸福になって遅くないのです。

人間には年齢はない。年齢を考えるから年齢があるように思うけれども、六十、七十歳になろうと、自分が十七、十八歳時代と考えてみて、違っているのは体だけ。そして、もうひとつ違っているのは、心の中の知識だけの話で、心そのものはちっとも変わっていないはずである。

92

張り合おうとか、対抗しようとか打ち負かそうとか、負けまいといったようなそういう気持ちでない、もう一段高いところにある気持ち、境地これが絶対的な積極なんですぜ。

真の積極心とは、何かあったときもそうでないときも、常にその心が泰《たい》然《ぜん》として揺らぐことのない状態であるが、そのような心の状態は「対立」や「拮抗《きっこう》」ということから超越していないかぎり現実化はできない。

もし自分の心が目の前に現れた事象と向かい合い、それに打ち克《か》っている状態、あるいは負けていない状態を積極心だと考えているとすれば、それは強《し》いていえば、相対的積極というのであって、本当の意味での積極ではないのである。

つまりどんな病や災い、悪運に見舞われようとも、心がそれらを相手として関わることがない。言葉を換えれば勝とうとも負けようとも思わず、超然と落ち着いていられるようになって初めて理想とする積極心（平安を確保した心の状態）、つまり絶対的な強さをもつ、折れない心となりえるのだ。

中村天風略年譜

一八七六（明治九）年

七月三十日、東京府豊島郡王子村（現東京都北区王子）で、大蔵省紙幣寮の抄紙局長、中村祐興と母長子の三男として生まれる。本名は三郎。

一八八九（明治二十二）年

13歳

手に負えない悪童ぶりのため、本郷湯島小学校を卒業後は父の郷里福岡県へ預けられ、県立尋常中学修猷館《しゅうゆうかん》（現・修猷館高校）に入学。

一八九二（明治二十五）年

16歳

修猷館中学を退学。祐興の友人の紹介で政治結社、玄洋社を率いる頭山満に預けられる。

陸軍中佐の河野金吉の鞄持ちとなり、軍事探偵として、日清戦争開戦前の満州および遼東半島方面の偵察、調査に従う。

一九〇二（明治三十五）年
26歳
参謀本部諜報部員となって特殊訓練を受ける。翌一九〇三年、満州に潜入。ハルピン方面の諜報活動を開始する。

一九〇四（明治三十七）年
28歳
日露戦争勃発。軍事探偵として大活躍する。この間、コサック騎兵に捕らえられ銃殺刑に処せられる寸前、相棒の投じた手榴弾によって九死に一生を得る。

一九〇五（明治三十八）年
29歳
戦争終結に伴い帰国。選抜された軍事探偵百十三名のうち帰還した者は、わずか九名に過ぎなかった。

一九〇六（明治三十九）年
30歳
朝鮮総督府の高等通訳官の任務につく。着任後三か月目に大喀血。当時の死病であり、馬が疾走するようにはやく病状が進むといわれる「奔馬性肺結核」と診断される。まだこれといった治療薬がなく死の恐怖に襲われたことにより、人生を深く考え、医学、宗教、哲学、心理学の書を読みあさる。

一九〇九（明治四十二）年

33歳

オリソン・スウェット・マーデン博士の著書『如何にして希望を達す可きか』（"How to get what you want"）に感銘し渡米。同氏に会うが得るものはなく、コロンビア大学で医学を学び、さらに哲学者、有識者を尋ねてロンドンに渡り、H・アデントン・ブリュース博士の講座「精神活動と神経系統」に参加。その後フランスで出会ったオペラ女優のサラ・ベルナール女史の紹介でドイツに行き、哲学者ハンス・ドリュース博士に学ぶ。

一九一一（明治四十四）年

35歳

しかし、求める答えは得られないまま死期が近いことを感じ、どうせ死ぬならば故国でと、マルセイユで乗船した船で帰国の途につくが、途中一時上陸したエジプトのカイロで、偶然出会ったヨガ哲学の聖者カリアッパ師に導かれてヒマラヤの世界第三位の高峰カンチェンジュンガ山麓のゴルケ村に入り、ヨガ哲学の行の指導を受ける。二年数か月の修行で結核は治り、悟りを得て、カリアッパ師より帰国の許しを得る。

一九一三（大正二）年

37歳

帰国途上、上海にて竹馬の友で当時の中国特命全権公使であった山座円次郎に会い、第二辛亥革命に参加。帰国後数年にして、東京実業貯蔵銀行頭取をはじめ、いくつかの会社の役員となる。

一九一九（大正八）年

43歳

六月八日、突如感じるところあって、それまでの一切の社会的地位を放棄し、心の統御法と肉体の訓練法を体系化した「心身統一法」を研究、啓蒙するために、「統一哲医学会」を創設。毎日、上野公園や芝公園の路傍に立ち、辻説法を始める。元平壌控訴院検事長の向井巌に見出され、同氏の紹介で総理大臣、原敬に会う。原をして「この人は大道で講演させておく人ではない」と言わしめる。

原敬、東郷平八郎（元帥海軍大将）、杉浦重剛（思想家）、石川素童（曹洞宗管長）、など、政界・財界・思想界の有力者をはじめ、あらゆる階層にわたる数多くの人々の支持を受ける。

一九四〇（昭和十五）年
64歳
「統一哲医学会」を「天風会」と改称。終戦に至るまで活動を全国的に展開する。

一九四五（昭和二十）年
69歳
三月、特別強制疎開命令の下、本郷丸山福山町（現・文京区白山、西片）の邸宅と道場が取り壊され、茨城県利根町布川に疎開。

一九四六（昭和二十一）年
70歳
十月、虎ノ門ビルで戦後初めての講習会を開催。

一九四七（昭和二十二）年
71歳
『真人生の探究』を発刊。以降、『研心抄』（一九四八年）、『錬身抄』（一九四九年）へと続く。

一九六二（昭和三十七）年

86歳

国から公益性を認められ、「財団法人天風会」となる。

一九六八（昭和四十三）年

92歳

四月、東京文京区の護国寺内に天風会館落成。

十二月一日、逝去、享年九十二。

参考文献

『真人生の探究』中村天風　公益財団法人天風会
『研心抄』中村天風　公益財団法人天風会
『錬身抄』中村天風　公益財団法人天風会
『哲人哲語』中村天風　公益財団法人天風会
『叡智のひびき―天風哲人箴言註釈』中村天風　講談社
『真理のひびき―天風哲人新箴言註釈』中村天風　講談社
『運命を拓く―天風瞑想録』中村天風　講談社文庫
『中村天風　一日一話』公益財団法人天風会　ＰＨＰ研究所

中村天風財団
（公益財団法人 天風会）

〒112-0012　東京都文京区大塚5-40-8天風会館
TEL：03-3943-1601　FAX:03-3943-1604
URL：https://www.tempukai.or.jp

【天風メルマガ毎日配信】
中村天風一日一話
～元気と勇気が湧いてくる、哲人の教え366話～

天風哲学のエッセンスを毎日一話、
あなたの元へお届けします。
ご登録は中村天風財団ホームページから

装丁・本文デザイン　堀図案室
装画　しりあがり寿

監修　中村天風財団（公益財団法人天風会）

折れない心！

発行日　2019年 5月10日　第1刷発行
　　　　2023年11月10日　第4刷発行

著者　中村天風
発行者　小池英彦
発行所　株式会社扶桑社
〒105-8070　東京都港区芝浦1-1-1　浜松町ビルディング
電話　03-6368-8870（編集）
　　　03-6368-8891（郵便室）
http://www.fusosha.co.jp/
DTP制作　株式会社光邦
印刷・製本　中央精版印刷株式会社

　ISBN978-4-594-08209-3